まちごとアジア

Iran 004 Shiraz

シーラーズ

「詩と芸術」の都

شيراز

Asia City Guide Production

【白地図】イラン

ASIA
イラン

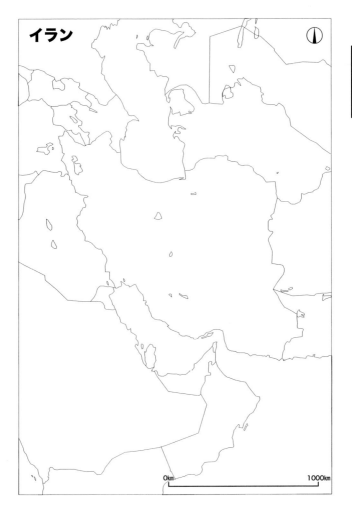

【白地図】イラン中心部

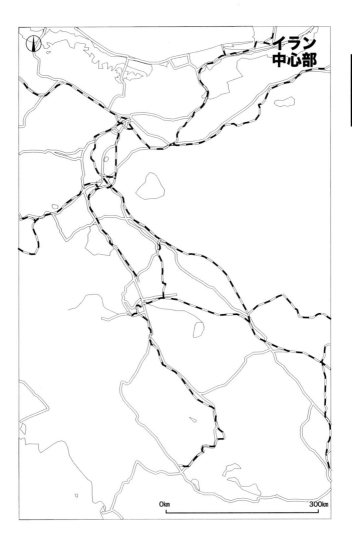

【白地図】シーラーズ

ASIA
イラン

シーラーズ

Shiraz

白地図

【白地図】旧市街

ASIA
イラン

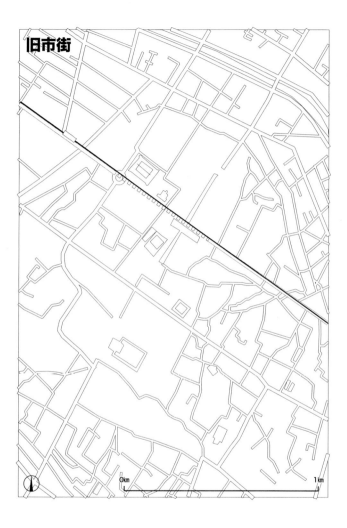

旧市街

Shiraz 白地図

【白地図】ザンディエ

ASIA
イラン

ザンディエ

Shiraz | 白地図

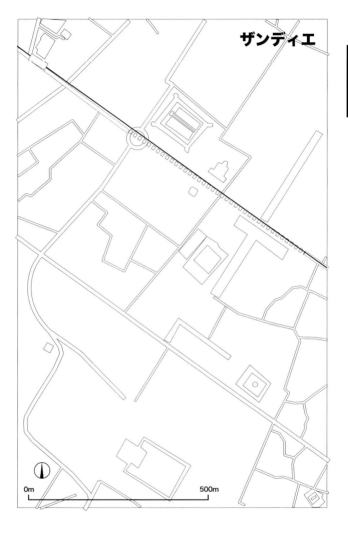

【白地図】シャーチェラーグ

ASIA
イラン

【白地図】市街北部（コーラン門）

ASIA
イラン

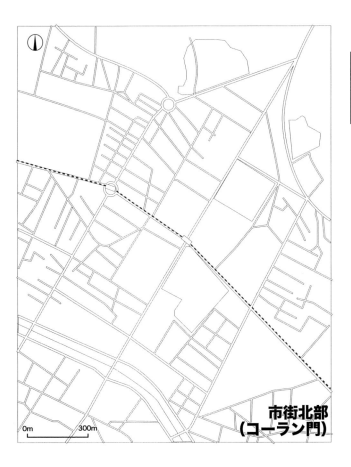

Shiraz 白地図

**市街北部
(コーラン門)**

【白地図】シーラーズ郊外

ASIA
イラン

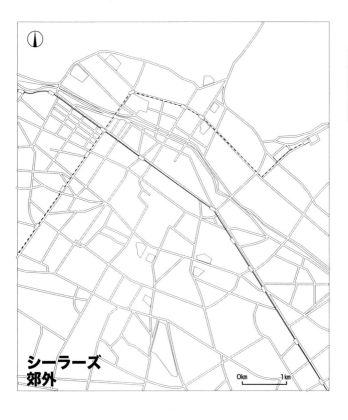

【白地図】エラム庭園

ASIA
イラン

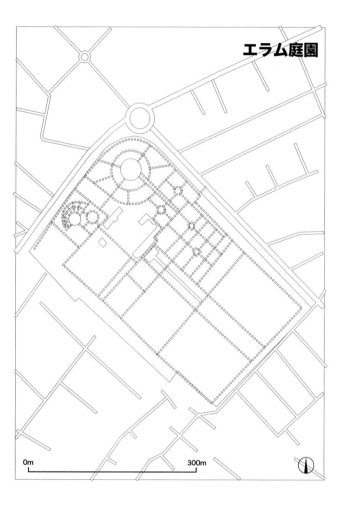

エラム庭園

Shiraz

白地図

【白地図】サアディー廟

ASIA
イラン

サアディー廟

Shiraz

白地図

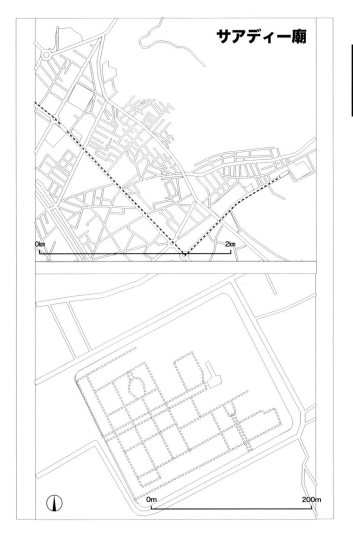

【まちごとアジア】
イラン 001 はじめてのイラン
イラン 002 テヘラン
イラン 003 イスファハン
イラン 004 シーラーズ
イラン 005 ペルセポリス
イラン 006 パサルガダエ（ナグシェ・ロスタム）
イラン 007 ヤズド
イラン 008 チョガ・ザンビル（アフヴァーズ）
イラン 009 タブリーズ
イラン 010 アルダビール

ASIA
イラン

　ザグロス山脈の谷あいに位置するファールス地方の州都シーラーズ（標高 1500m）。街には 18 世紀、サファヴィー朝崩壊後の混乱からイランを再統一したザンド朝時代の遺構がいくつも残り、ペルシャ庭園、モスク、宮殿などが当時の面影を伝えている。

　シーラーズは 7 世紀にイランへ侵入したアラブ軍の拠点がおかれて以来、この地域の中心になり、中世にはハーフィズやサアディーといったペルシャ二大詩人を生み出した。そのようなところから、シーラーズは「詩の都」「芸術の都」とし

シーラーズ
شیراز
Shiraz

て人々に愛される街となっている。

　またシーラーズを中心とするファールス地方は、イランの源流とも言えるアケメネス朝やササン朝などのペルシャ帝国が興った場所で、この街の周囲にはペルセポリスやパサルガダエといった遺跡群が点在している。

【まちごとアジア】

イラン 004 シーラーズ

目次

シーラーズ……………………………………………………xxii

美しき庭園都市………………………………………………xxx

ザンド城市案内………………………………………………xliii

シャーチェラーグ城市案内 …………………………………lv

市街北部城市案内……………………………………………lxv

楽園と人々の羨望 ……………………………………………lxxv

郊外城市案内 …………………………………………………lxxxi

城市のうつりかわり …………………………………………xcv

【MEMO】

Shiraz　シーラーズ

【地図】イラン

ASIA
イラン

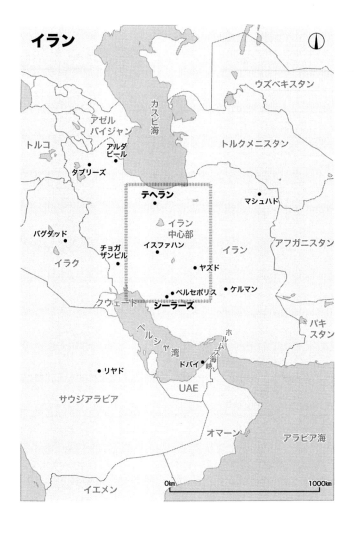

【地図】イラン中心部

ASIA
イラン

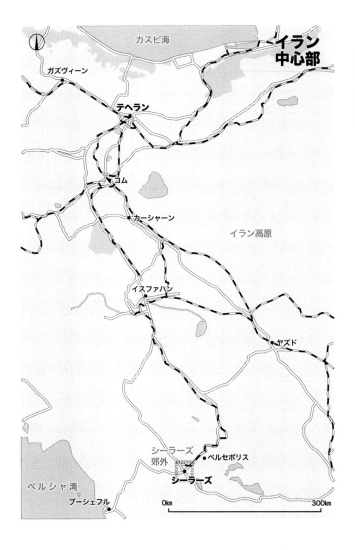

美しき庭園都市

ASIA
イラン

「詩の都」「芸術の都」「庭園都市」
中世以来、シーラーズはさまざまな言葉で語られてきた
イスファハンに次ぐ観光都市の姿

ファールス地方の州都

イランの古名ペルシャはファールス地方に由来する。この地方ではパサルガダエ（紀元前6世紀にアケメネス朝を築いたキュロス王の都）やペルセポリス（ダレイオス1世が築いた宮殿）などの遺構がいくつも残り、古代ペルシャの中心地だったことで知られる。7世紀、アラブ軍の侵攻でササン朝ペルシャは滅び、アラブ軍の拠点がシーラーズにおかれたため、古代ペルシャの伝統や地位はこの街に受け継がれることになった。

Shiraz　美しき庭園都市

美と芸術の都

イランの人々にとってもっとも身近な芸術とされるペルシャ文学。シーラーズは、サアディーとハーフィズというペルシャ二大詩人を生んだ街として知られ、それぞれ「薔薇の生命はわずかに5日か6日／わが薔薇園は永遠に楽しい(『薔薇園』サアディー)」「楽しきかなシーラーズ、類なきそのありか／神よ、都を衰微から護らせ給え(『抒情詩』ハーフィズ)」というようにシーラーズにふれている。中世ペルシャ文学(10〜15世紀)は世界文学史上でも特筆される時代だとされ、サアディーとハーフィズのほかにも『王書』の国民的詩人フェ

ASIA
イラン

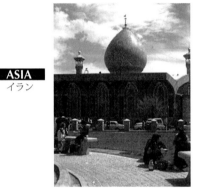 

▲左　洋なし型のドームがシーラーズを彩る。　▲右　乾燥した気候のなかで映える緑

ルドゥーシー、四行詩のウマル・ハイヤーム、神秘主義詩人ルーミーなどの詩人が登場している（ペルシャ文学はイスラム化以前と以後にわけられ、イスラム化以後はアラビア文字で表現されるようになった。

【MEMO】

Shiraz 美しき庭園都市

ASIA
イラン

ワキールと名のつく建物

現在、シーラーズで見られる美しい宮殿やモスクは、18世紀につくられたもので、この時代、イランを統治したザンド朝の都はシーラーズにおかれていた。シーラーズのバザールや建築にワキールという名前がつけられているのは、ザンド朝の名君キャリーム・ハンがシャー（王）ではなく、ワキール（摂政）と名乗ったことに由来する。キャリーム・ハンはサファヴィー朝の臣下の立場として、イスファハン（サファヴィー朝の都）に肩をならべる都市をつくるべく、美しい建築や庭園が造営された。

Shiraz 美しき庭園都市

▲左　ハーフィズの霊廟、中世ペルシャ文学の傑作を残した。　▲右　民族衣装をまとった少女たちに出逢った

7色に輝くタイル

シーラーズに都をおいたザンド朝の建築では、意匠や様式はサファヴィー朝時代から受け継がれ、新たにバラ色（ピンク）のモザイク・タイルが見られるようになった。これはハフト・ランギー（7色で絵づけされたタイル）と呼ばれる様式で、あざやかなピンクや黄色の色彩の釉薬が使用された。またイラン人の生活に密着した絨毯の図柄をそのままタイル装飾にもちいるといった試みも見られる。

【地図】シーラーズ

【地図】シーラーズの [★★★]
- [ ] シャー・チェラーグ廟 Mausoleum of Shah-e Cheragh
- [ ] エラム庭園 Bagh-e Eram

【地図】シーラーズの [★★☆]
- [ ] キャリーム・ハン城塞 Arg-e Karim Khan
- [ ] マスジッド・ワキール Masjid Vakil
- [ ] イマームザーデ・アリー・イブネ・ハムゼ Imamzadeh Ali Ibn-e Hamzeh
- [ ] ハーフィズ廟 Mausoleum of Hafez

【地図】シーラーズの [★☆☆]
- [ ] ガワーム邸 Ghavam House

シーラーズ

Shiraz｜美しき庭園都市

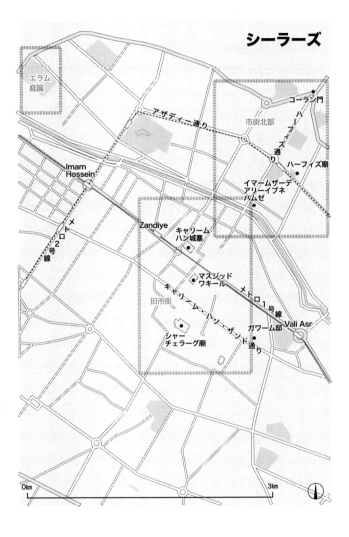

【地図】旧市街

【地図】旧市街の [★★★]
- [ ] シャー・チェラーグ廟 Mausoleum of Shah-e Cheragh

【地図】旧市街の [★★☆]
- [ ] キャリーム・ハン城塞 Arg-e Karim Khan
- [ ] パールス宮殿 Pars Palace
- [ ] マスジッド・ワキール Masjid Vakil
- [ ] マドラセイェ・ハーン Madrese-ye Khan
- [ ] イマームザーデ・アリー・イブネ・ハムゼ Imamzadeh Ali Ibn-e Hamzeh

【地図】旧市街の [★☆☆]
- [ ] ナシル・アル・モルク・モスク Masjed-e Nassir-ol-Molk
- [ ] ガワーム邸 Ghavam House

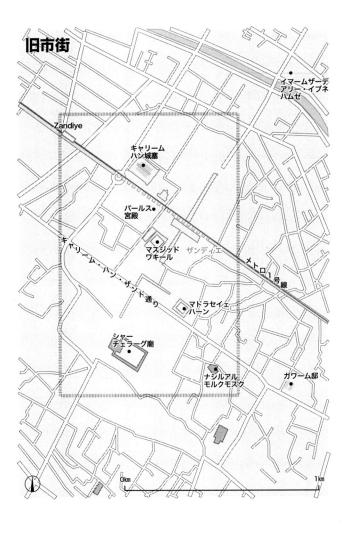

【MEMO】

ASIA
イラン

【MEMO】

Guide, Zandiye
ザンド城市案内

洋なし型のドームをもつシャー・チェラーグ廟
ここはイラン各地から巡礼者を集める
イスラム教の聖地でもある

キャリーム・ハン城塞 Arg-e Karim Khan ［★★☆］

シーラーズの中央にそびえるキャリーム・ハン城塞。18世紀、現在の街を築いたキャリーム・ハンによって建てられ、ザンド朝の宮廷がおかれていた。堂々としたたたずまいをしていて、外壁には幾何学文様の装飾が見える。また内部の壁はバラ色を主体とした色調で、植物文様などが描かれている。

ザンド朝とは

18世紀、イスファハンを中心に繁栄をきわめていたサファヴィー朝が崩壊すると、北部にトルクメン系のカージャル

【地図】ザンディエ

【地図】ザンディエの [★★★]
- [ ] シャー・チェラーグ廟 Mausoleum of Shah-e Cheragh

【地図】ザンディエの [★★☆]
- [ ] キャリーム・ハン城塞 Arg-e Karim Khan
- [ ] パールス宮殿 Pars Palace
- [ ] マスジッド・ワキール Masjid Vakil
- [ ] ワキール・バザール Bazar-e Vakil
- [ ] マドラセイェ・ハーン Madrese-ye Khan

【地図】ザンディエの [★☆☆]
- [ ] サラーエ・モシル茶屋 Chay Khane-ye Sara-ye Moshir
- [ ] ナシル・アル・モルク・モスク Masjed-e Nassir-ol-Molk

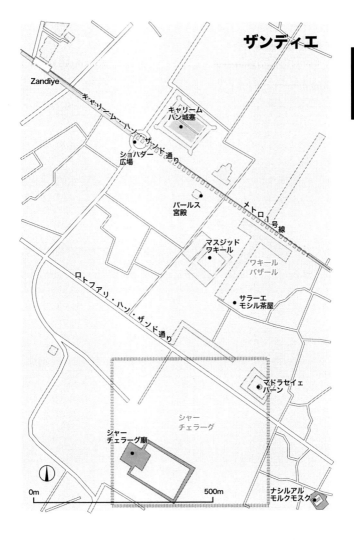

ASIA
イラン

 族、北西部にクルド族、中央部にバフティヤーリー族などが割拠し、イランは分裂状態におちいっていた。そのようななか台頭したのがザンド朝で、キャリーム・ハンのもと、イランのほとんどの地域は再び、統一されるようになった。キャリーム・ハンはシーラーズに都をおき、公平で寛容な政治を行なったが、この名君の死後、ザンド朝はカージャル族に敗れ、1779年、カージャル朝が樹立されることになった（このとき都がテヘランに遷された）。

▲左　シーラーズの建物壁面は7色のタイルでおおわれている。　▲右　旧市街の中心に立つキャリーム・ハン城塞

パールス宮殿 Pars Palace［★★☆］

18世紀、ザンド朝のキャリーム・ハンによって建てられた迎賓用の宮殿跡。キャリーム・ハン死後、その霊廟となっていたが、現在では博物館となっている。キャリーム・ハンが使っていた錆びた剣が、彼が葬られた場所におかれ、ほかにもイスラム陶器、ルリスタンのブロンズ像などが展示されている。またシーア派初代イマーム・アリーによって書かれた『コーラン』も見られる。建物の壁面はザンド朝の特徴であるバラ色にほどこされ、花や鳥が描かれている。

▲左 バザールは多くの人でにぎわう。　▲右 ザンド朝時代のマスジッド・ワキール

マスジッド・ワキール Masjid Vakil［★★☆］

18世紀、ザンド朝のキャリーム・ハンの命で建てられたワキール・モスク（ワキールとは「摂政」を意味する彼の称号）。礼拝堂には特徴的ならせん状の円柱48本が見えるほか、モスクの外壁にはバラ色（ピンク）のモザイク・タイルで彩られている。南北のイワンはこの地を襲った二度の地震でもびくともしなかったほどの強度をもつ。

【MEMO】

ASIA
イラン

ワキール・バザール Bazar-e Vakil ［★★☆］

ザンド朝以来の伝統をもつレンガづくりのワキール・バザール。キャリーム・ハンによってつくられたもので、18世紀当時、ペルシャ湾とイラン高原を結ぶ地理にあったシーラーズは大いに栄えていた。このバザールでは、ザンド朝時代の雰囲気を今に伝え、衣料品、銅細工などがところせましとならんでいる。またこのバザールにはサラーエ・モシル茶屋やワキール浴場などが見られる。

▲左 さまざまな店が一堂に会するバザール。 ▲右 ザンド朝時代の特徴を示すドーム

サラーエ・モシル茶屋 Chay Khane-ye Sara-ye Moshir[★☆☆]

ワキール・バザールに立つサラーエ・モシル茶屋。シーラーズの貴族によって建てられ、2階建ての茶屋内部は19世紀の伝統的な内装を今に伝える。

ワキール浴場 Hammam-e Vakil [★☆☆]

ワキール・バザール内にあるハマム（浴場）跡。ハマムはモスクやキャラバン・サライなどとともにイスラム都市で必須の施設で、このワキール浴場ではらせん状にねじれた円柱が見られるほか、細密画風の壁画も残っている。

マドラセイェ・ハーン Madrese-ye Khan ［★★☆］

ワキール・バザールの東に位置するイスラム神学校マドラセイェ・ハーン。サファヴィー朝時代の1651年に、ファールス地方を統治していたイマーム・クリー・ハンが建てたもので、かつては100人の学生を収容していたという（地震で大部分が倒壊したあと、カージャル朝時代に再建された）。入口ホール、通路、中庭の壁面には黄色地にピンクのバラと鳥の装飾でおおわれているほか、入口アーチの内側のムカルナス、モザイク・タイルも完成度は高い。

【MEMO】

ASIA
イラン

Guide,
Shah-e Cheragh
シャーチェラーグ
城市案内

洋なし型のドームをもつシャー・チェラーグ廟
ここはイラン各地から巡礼者を集める
イスラム教の聖地でもある

シャー・チェラーグ廟
Mausoleum of Shah-e Cheragh [★★★]

イラン全土から巡礼者が集まる民間信仰の中心地シャー・チェラーグ廟。「ランプの王（シャー・チェラーグ）」の異名をとるセイイェド・ミール・アフマドがまつられた霊廟で、彼は835年にシーラーズで殉教死した第7代イマーム・ムーサー・アル・カーズィムの息子（また第8代イマーム・レザーの兄弟）であるため、シーア派の重要な聖者となっている。現在の建物は14世紀のアター・ベク時代、アブーバクル・サアド・イブヌ・ザンギーによって建てられ、その後も改築

【地図】シャーチェラーグ

【地図】シャーチェラーグの [★★★]
- [ ] シャー・チェラーグ廟 Mausoleum of Shah-e Cheragh

【地図】シャーチェラーグの [★★☆]
- [ ] マスジッド・ジャーメ（マスジッド・アティーク）Masjed-e Jame-e Atiq
- [ ] ホダーイ・ハーネ Khoday Khaneh（Khuda Khana）
- [ ] マスジッド・ワキール Masjid Vakil
- [ ] ワキール・バザール Bazar-e Vakil
- [ ] マドラセイェ・ハーン Madrese-ye Khan

【地図】シャーチェラーグの [★☆☆]
- [ ] ムハンマド廟 Bogh'e-ye Seyyed Mir Mohammad
- [ ] ノウ・モスク Masjed- e Now
- [ ] ナシル・アル・モルク・モスク Masjed-e Nassir-ol-Molk
- [ ] サラーエ・モシル茶屋 Chay Khane-ye Sara-ye Moshir

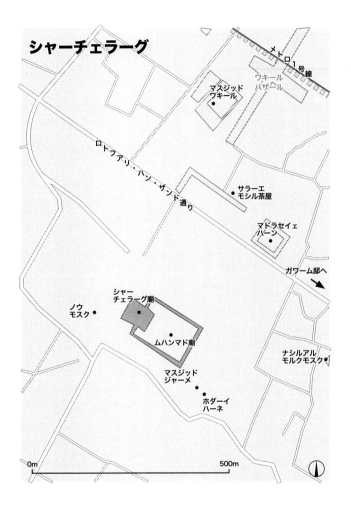

ASIA
イラン

されて今にいたる。細い洋なしのようなドームをもち、壁面タイルには植物摸様がほどこされている。

ムハンマド廟 Bogh'e-ye Seyyed Mir Mohammad[★☆☆]
シャー・チェラーグ廟と同じ敷地内にあるムハンマド廟。ここにまつられたムハンマドはシャー・チェラーグの弟で、シーア派イスラム教徒の巡礼地となっている。青、白、黒、黄色で彩られた鮮やかなドームをもつ。

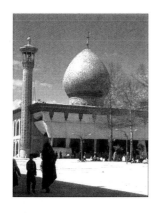

▲左 イスラム聖者をまつるシャー・チェラーグ廟。　▲右　ムカルナスという装飾で彩られている

マスジッド・ジャーメ（マスジッド・アティーク）
Masjed-e Jame-e Atiq ［★★☆］

875年に建造されたシーラーズでもっとも古い伝統をもつマスジッド・ジャーメ（古いモスク」を意味するマスジッド・アティーク」とも呼ばれる）。当時、シーラーズはイラン東部から出たサッファール朝の都がおかれ、イスラム帝国アッバース朝の地方勢力を構成していた。度重なる地震などでもともとあった建造物は失われており、現在の建物はサファヴィー朝時代に再建されたもの。メッカの方向を示すミフラーブに現存する数少ないイスラム初期の漆喰細工が残っている。

ASIA
イラン

ホダーイ・ハーネ Khoday Khaneh(Khuda Khana) [★★☆]

マスジッド・ジャーメ中庭に残る直方体の建物ホダーイ・ハーネ。ホダーイ・ハーネとは「神の家」を意味し、1351年、メッカのカーバ神殿を模して建てられた。当時は図書館の役割を果たし、『コーラン』の写本がここに保管されていた（ここからとり出され、モスクで読まれていたという）。サファヴィー朝時代以来、いくども改築がされているが、碑銘と石の彫刻部分は創建当時のままとなっている。

▲左　屋根におおわれたバザール。　▲右　9世紀創建と伝えられるマスジッド・ジャーメ

ノウ・モスク Masjed-e Now［★☆☆］

シャー・チェラーグ廟の向かいに立つノウ・モスク。「新しいモスク（ノウ・モスク）」という名前は、「古いモスク（マスジッド・アティーク）」に対して名づけられた。12世紀、サド・ブン・ザンギー（シーラーズの詩人サアディーの父親が仕えた人物）に建てられ、その後、サファヴィー朝時代に再建された。

ナシル・アル・モルク・モスク Masjed-e Nassir-ol-Molk［★☆☆］

カージャル朝統治下の19世紀、シーラーズの貴族ナシル・

ASIA
イラン

アル・モルク一族によって建てられたモスク。礼拝室の壁面はステンドグラスで装飾されていて、日差しを受けて鮮やかな光が入るようになっている。

ガワーム邸 Ghavam House ［★☆☆］
18世紀にこの街に移住し、のちにカージャル朝の宮廷に仕えた名門ガワーム家の邸宅。この建物は19世紀のものでナーレンジェスターン（「オレンジの果樹園」）に立つ。花瓶や孔雀、獅子狩りが描かれた壁面、鏡細工でおおわれた部屋など贅を尽くした内装が見られる。

【MEMO】

ASIA
イラン

Guide, North Shiraz
市街北部城市案内

シルクロードの街道上に発展してきた
シーラーズの街
コーラン門からハーフィズ通りが市街部へ向かって走る

イマームザーデ・アリー・イブネ・ハムゼ
Imamzadeh Ali Ibn-e Hamzeh ［★★☆］

第7代イマーム・ムーサ・カーズィムの血をひくイスラム聖者シャー・ミル・アリー・イブン・ハムゼがまつられた霊廟（シャー・チェラーグの弟にあたる）。もともと10世紀のブワイフ朝時代に建てられ、現在の建物はザンド朝とカージャル朝時代のもの。内部はシャー・チェラーグ廟と同じく鏡の破片のモザイクでおおわれている。

【地図】市街北部（コーラン門）の [★★☆]

- [ ] イマームザーデ・アリー・イブネ・ハムゼ
  Imamzadeh Ali Ibn-e Hamzeh
- [ ] ハーフィズ廟 Mausoleum of Hafez
- [ ] コーラン（クルアーン）門 Darvazeh Qor'an

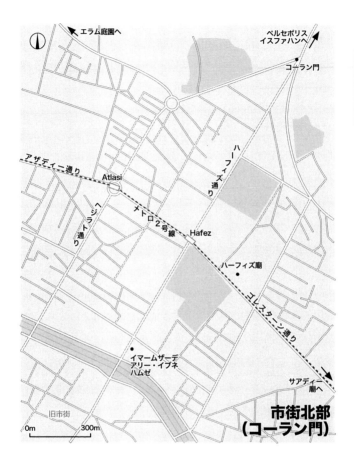

ASIA
イラン

ハーフィズ廟 Mausoleum of Hafez [★★☆]

イランでもっとも愛されている国民的詩人ハーフィズが眠る霊廟(ハーフィズとは『コーラン』を暗唱した者という意味)。1326年、シーラーズに生まれたハーフィズは宮廷詩人として王に仕えながら詩作に励み、「友の顔なしでは、薔薇花も快くはあるまい/酒がなければ春も楽しくはあるまい/草原のほとり、園のそぞろ歩きも/チューリップの頬なしでは楽しくあるまい」といった自然、酒、恋などの詩を詠んだ。この詩人の名声はイランだけでなく、遠くインド、中央アジア、トルコにまで知られ、ベンガル太守やデカンの王が自国へ招

▲左　旧市街北側に位置するイマームザーデ・アリー・イブネ・ハムゼ。
▲右　イラン人が心を寄せる詩を書いたハーフィズ廟

待するほどだった。1390年、65歳でこの地で没したハーフィズの墓石には「私は天国の鳥、この世の罠から翔び立とう／汝の愛に誓い、私を汝の下僕と呼ぶなら／私は時間と空間の支配から抜け出そう」という彼の詩が刻まれている。

ゲーテの詩に登場するハーフィズ

中世ペルシャ文学（10〜15世紀）が西洋文学にあたえた影響はきわめて大きいと言われる。とくに文豪ゲーテは「よし世界が沈みゆくとも／ハーフィスよ　おんみと　おんみとのみ／（中略）／おんみのごとく愛しまた飲むことを／わが誇り

ASIA
イラン

わが生命とせん」(『西東詩集』小牧健夫訳/岩波文庫)と詠むなど、ハーフィズの影響を受けたことで知られる。

「あたるか、あたらぬか」ハーフィズうらない

ハーフィズ廟では「うらないたいことを心に念じながら、無作為に詩集を開く」といったハーフィズうらないを行なう人々が見られる。ハーフィズの詩集には象徴的な表現が多く、各人はそれぞれの環境、知識をもって自由な解釈ができるという。18世紀、ナーディル・シャーがアゼルバイジャン征服を考えていたとき、このうらないを試してみると、「ハー

▲左　シルクロードをゆく旅人を見守ってきたコーラン門。　▲右　ハーフィズの詩集を手にとる人々に愛される国民的詩人

フィズよ、汝は美しい詩でイラクとファールスを征した／さあ今度はバグダッドとタブリーズの番」という詩句が出た。この結果に喜んだナーディル・シャーは、ただちにアゼルバイジャンを制圧したと伝えられる。

コーラン（クルアーン）門 Darvazeh Qor'an ［★★☆］

ザグロス山中に位置するシーラーズの北の入口となってきたコーラン門。この門はブワイフ朝（10～11世紀）の時代に建てられたと伝えられ、その後、18世紀になってザンド朝キャリーム・ハーンが門に『コーラン』を安置したことで「旅

ASIA
イラン

人を守る門」となった(現在の門は地元の商人によって建てられた)。かつてこの門からシーラーズにいたる街道の両脇には庭園が整備されていたという。

【MEMO】

ASIA
イラン

楽園と
人々の
羨望

乾燥地帯にあって樹木の茂る庭園は
古くから楽園のイメージと重ねて見られてきた
世界遺産にも指定されているペルシャ庭園

庭園とは

不毛な乾燥地帯が続くイラン高原では、古くからは泉や水路が整備され、壁や塀で囲って庭園パエリ・ダーサをつくってきた(このパエリ・ダーサという言葉はギリシャに伝わり、その後、パラダイスの語源となっている)。また7世紀以後、イランがイスラム化していくうえで、水、乳、ぶどう酒、蜂蜜の4本の川が流れるという『コーラン』に描かれた楽園とペルシャ庭園が結びつけて考えられるようになった。この4本の川で分割された、チャハール・バーグ(4つの庭園)はイランで発達し、ムガル帝国によってインドにももちこまれ

ASIA
イラン

るようになった。

シーラーズの庭園

庭園都市シーラーズの美しさは古くから知られ、14世紀にこの街を訪れた旅行家イブン・バットゥータも記録している。「風雅な果樹園の数々、縷々と流れる河川、豪華な市場、そして端整な街路がある所。(中略) 東方諸国のなかで、その市場、果樹園や河川の美しさ、そして住民たちの容姿端麗さなど、ダマスカスの町と肩を並べ得るのは、シーラーズを除けば、他に無いであろう」。また17世紀の宝石商人シャルダ

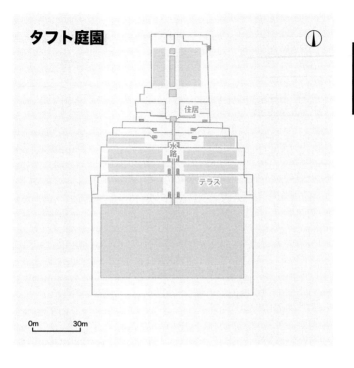

タフト庭園

0m　30m

ンは「ペルシャには、フランスやヨーロッパに見ることのできるあらゆる種類の花々が揃っている。暑い南部地方に生育する種類は少なめとはいえ、その色の鮮やかさによって、ペルシャの花は概してヨーロッパの花よりも美しい」と述べている。現在もシーラーズには、街の規模にくらべて多くの庭園が見られ、それぞれ美しい花や樹木が備えられている。

ASIA
イラン

世界遺産に指定されている9つのペルシャ庭園

パサルガダエの古代庭園(パサルガダエ)

エラム庭園(シーラーズ)

チェヘル・ストーン庭園(イスファハン)

フィーン庭園(カーシャーン)

アッバース・アーバード庭園(ベフシャフル)

マーハーン庭園(ケルマーン)

ドウラトアーバード庭園(ヤズド)

パフラヴァーンプール庭園(ヤズド近郊)

アクバリーイェ庭園(ビルジャンド)

▲左　庭園に立つ園亭、ここから人々は自然を愛でた。　▲右　庭園は砂漠のオアシス、天国と重ねあわされた

遊牧生活を送るカシュガイ族

シーラーズ近郊にはカシュガイ族やハムセ族といった遊牧民が暮らしている。彼らは牧草を求めて、ザグロス山脈にある夏営地と冬営地を移動しながら、羊とヤギの牧畜などをして生計をたてている。春と夏に移動を開始し、500kmもの距離を移動する部族もいるという。牧草の状況によって生活スタイルを変化させていくカシュガイ族は、古代イラン人の生活を色濃く残していると言える（カシュガイ族は、定住している者も含めて40万人程度の人口をもつ）。またカシュガイ族の織るペルシャ絨毯はシーラーズの特産品として知られる。

Guide, Around Shiraz
郊外
城市案内

世界遺産に指定されているエラム庭園
またペルシャを代表する詩人サアディー
の霊廟には多くの人が訪れている

エラム庭園 Bagh-e Eram［★★★］

ペルシャ語で「地上の楽園」を意味するエラム庭園。カージャル朝時代の1824年、モハンマド・ゴリー・ハーンによって造営され、世界遺産指定の9つのペルシャ庭園のひとつとなっている。階段式になった庭園の中央に水路が流れ、糸杉の並木道とオレンジの林が広がり、園内には250種類ものバラが咲いている（サアディーが詠んだ『薔薇園』を彷彿とさせ、『バラの都』と呼ばれるシーラーズを象徴する光景となっている）。このような乾燥地帯における庭園は、古代ペルシャの時代から人々の羨望する楽園と見られ、それは『コーラン』

【地図】シーラーズ郊外

【地図】シーラーズ郊外の［★★★］
- [ ] エラム庭園 Bagh-e Eram
- [ ] シャー・チェラーグ廟 Mausoleum of Shah-e Cheragh

【地図】シーラーズ郊外の［★★☆］
- [ ] サアディー廟 Mausoleum of Saadi
- [ ] ワキール・バザール Bazar-e Vakil
- [ ] コーラン（クルアーン）門 Darvazeh Qor'an

【地図】シーラーズ郊外の［★☆☆］
- [ ] タフト庭園 Bagh-e Takht
- [ ] デルゴシャー庭園 Bagh-e Delgosha

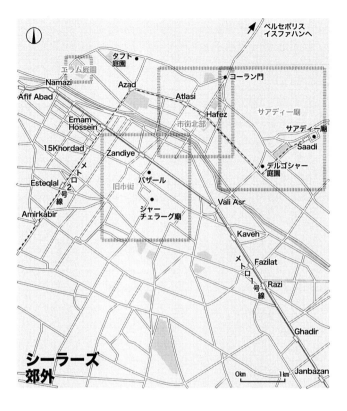

【地図】エラム庭園の [★★★]

- [ ] エラム庭園 Bagh-e Eram

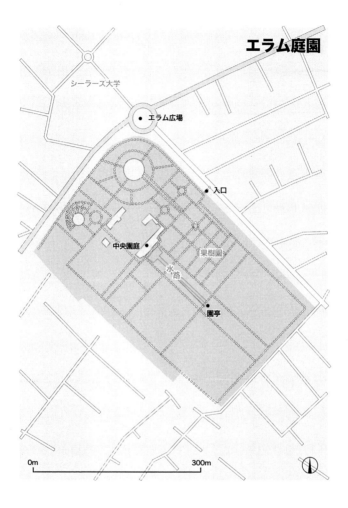

ASIA
イラン

で描かれた楽園のイメージとも重なった。庭園には彩色された浮彫、タイル装飾で彩られた3階建てのエラム宮殿が残り、カージャル朝時代の邸宅の代表例となっている。

タフト庭園 Bagh-e Takht [★☆☆]

11世紀のアター・ベク時代、シーラーズ北の岩山から落ちる湧き水を利用して造営されたタフト庭園。この庭園を1789年、カージャル朝の君主モハンマド・シャーが整備して、現在の姿になった。タフト庭園とは「王座の庭園」を意味し、カージャル朝時代に王族の離宮として使用されていた。山麓

▲左 世界遺産のエラム庭園。　▲右 水路の両脇に糸杉が立つ美しきペルシャ庭園

の傾斜にあわせるように階段式のテラスがもうけられ、水面には宮殿が映るように設計されている。

デルゴシャー庭園 Bagh-e Delgosha ［★☆☆］

18世紀のザンド朝時代に築かれたデルゴシャー庭園（「心の安らぎ」を意味する）。地下水路カナートを使って水がひかれ、園内は並木道、オレンジの果樹が茂る様子はシーラーズでも有名だった。また園内の邸宅は、ザンド朝と続くカージャル朝時代のもので、鏡細工や象嵌細工などで秀逸な技術が見られる。

【地図】サアディー廟

【地図】サアディー廟の [★★☆]
- ☐ サアディー廟 Mausoleum of Saadi
- ☐ ハーフィズ廟 Mausoleum of Hafez
- ☐ コーラン（クルアーン）門 Darvazeh Qor'an

【地図】サアディー廟の [★☆☆]
- ☐ デルゴシャー庭園 Bagh-e Delgosha

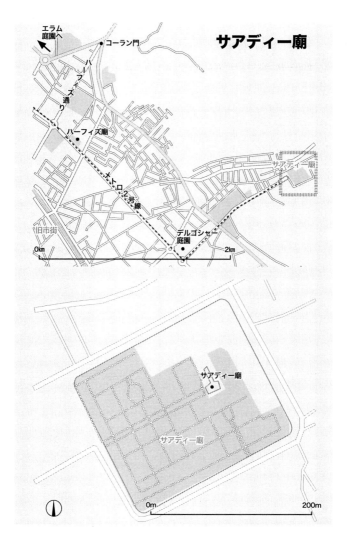

ASIA
イラン

サアディー廟 Mausoleum of Saadi ［★★☆］

『果樹園』と『薔薇園』というペルシャ文学の傑作を執筆した天才詩人サアディーが眠る霊廟。没年は1292年とされているが、生年は明らかでない（102歳、110歳、120歳の寿命説がある）。シーラーズに生まれたサアディーは、イスラム世界の最高学府バグダッドのニザーミヤ学院で学問にはげみ、その後、托鉢僧として30年間、放浪の旅に出た。晩年、サアディーはシーラーズ郊外に庵を結び、隠遁生活のなかで余生を過ごした。彼の墓廟には「サアディーが土に還るも、彼は何を悲もう／生前も土くれ同然にすぎなかったゆえ／風

▲左　ハーフィズとならぶ詩人サアディー廟。　▲右　道端の屋台にて

の如く世界を廻った彼なれど／哀れにもいま躯を土に与えた／やがて土は彼を喰いつくすが／風はふたたび彼を世界中に運ぼう」という詩句が刻まれている。

30年間の放浪の旅

サアディーは「汝が店や家に留まるかぎり／おお未熟な者よ、立派な人になり得ない／汝がこの世を去るまえに／旅に出て世を広く廻るがよい」といった詩を詠んでおり、30年間の放浪の旅のあと、1256年に生まれ故郷のシーラーズに戻ってきた（彼の旅は東はインド、中央アジア、西はイラク、ア

ASIA
イラン

ラビア、トルコ、エジプト、北アフリカにおよび、メッカへの巡礼も 14 回を数えた)。その旅の経験をもとに「王座、王冠、支配、栄華もすべて/消え去るゆえに、なんの価値もない/人が世に留める名声こそは/黄金の宮殿にはるかにまさる」といった教訓的な詩を残している。

サアディーとバグダッド陥落

サアディーが活躍した時代、イランはトルコ人やモンゴル人などの異民族に支配され、とくにサアディーが『薔薇園』を完成させた 1258 年は、イスラム世界が最大の危機を迎えた

Shiraz　郊外城市案内

年でもあった。イスラム帝国アッバース朝はモンゴル軍の前に敗れ、カリフは処刑された。サアディーは「カリフ、ムスタスィムの王国の滅亡に/天が地上に血の涙を降らすのは当然だ/おおマホメットよ、審判の日に地中から/頭をもたげ、民に起ったこの混乱を見よ」「マホメットの伯父（アッバース）の子孫の血が流された/ああ、かの清き人々の血汐に蠅がとまれば/その口の蜜は最後の審判まで苦くなろう/今から後、この世に安らぎを期待するな」といった詩を詠んでいるが、当時、シーラーズの太守が芸術を保護したため、多くの学者や詩人がこの街に集まってきていた。

城市の
うつり
かわり

紀元前のアケメネス朝時代から
集落があったと考えられるシーラーズ
ファールス地方の中心都市として発展してきた

古代

アケメネス朝時代の石版に「シラ・イッ・テシィ・イシュ(シーラーズ)」とこの街の名前が見いだせるという。当時、この街の北東50kmに位置するペルセポリスが中心都市だったが、シーラーズ近郊には集落があったと考えられている。

アラブ軍(7世紀〜)

ササン朝ペルシャに侵入したアラブ軍が、ここに北方のイスタフルの攻略拠点をおいたことで、シーラーズの歴史ははじまった。イスタフルの住民が移住し、ウマイヤ朝時代の684

ASIA
イラン

年、アラブ人武将ムハンマド・ブン・カーシムによって街がつくられている(イラク総督ハッジャージュの従兄弟)。

サッファール朝(9世紀末〜)

イラン南東部のシスタン地方から出たサッファール朝。9世紀末、シーラーズはサッファール朝のヤークーブ・ブン・ライスに征服され、その一族によってマスジッド・ジャーメ(マスジッド・アティーク)が建てられている。この時代、シーラーズに都がおかれるなど街は発展するようになった。

▲左 ミシンをたくみに操る職人、シーラーズの路上にて。 ▲右 イスラム聖者廟で礼拝する人

ブワイフ朝（10世紀～）

10世紀になるとイスラム世界の盟主カリフの権力が弱体化し、イスラム帝国の首都バグダッドから遠いホラサーン地方やカスピ海南岸で地方政権が割拠するようになっていた。カスピ海南岸から出たブワイフ朝は、934年、シーラーズに都をおき、カリフの代理者としてイスラム世界を統治した。この時代、シーラーズには城壁が築かれ、宮殿、病院、図書館などが建てられるなど、街はバグダッドとならぶほど繁栄していたという。

ASIA
イラン

アター・ベク時代（12世紀〜）

中央アジアからイラン高原に侵入したトルコ族のセルジューク朝が弱体化すると、イランはアター・ベク（後見人）と呼ばれる地方領主が各地を統治するようになっていた。13世紀のモンゴル侵入にさいして、シーラーズのアター・ベクは服従したため、この街は破壊をまぬがれることになった。12世紀中盤から150年のあいだ、地下水路カナートが整備され、ノウ・モスクが建てられるなどシーラーズの繁栄は続いた。

サファヴィー朝（16世紀〜）

16世紀に入るとサファヴィー朝ペルシャが成立し、やがてイスファハンに都が構えられた。シーラーズは第5代アッバース帝の時代に多くの建造物が建てられるなど、イスファハンに準ずる都と位置づけられていた。また17世紀に入ると、とくにペルシャ湾を通じた海上交易が盛んになり、シーラーズは首都イスファハンとペルシャ湾を結ぶ交易拠点になった。

ASIA
イラン

ザンド朝（18世紀）

1725年のアフガン族の侵入で滅亡したサファヴィー朝のあと、イランはナーディル・シャーに統一されたが、ナーディル・シャーが暗殺されて再び混乱するようになった。カージャル族やカシュガイ族、バフティヤーリー族などの各勢力が割拠するなか、台頭したのがザンド族のキャリーム・ハンで、1765年、シーラーズに首都をおいてイランを再統一した（キャリーム・ハンはあくまでサファヴィー朝の臣下の形式をとって「ワキール摂政」と名乗った）。現在のシーラーズの街はこの時代につくられたもので、ワキール・バザール、ワキール・

▲左　シーラーズはイスファハンとならぶ観光都市。　▲右　○△□など幾何学や自然から着想を得たイスラムの模様

モスクなどザンド朝時代の遺構を各所で見ることができる。

カージャル朝（18世紀〜）

名君キャリーム・ハーン死後、ザンド朝はライバル関係にあったカージャル族の攻撃を受けて滅亡した（ザンド朝の家臣の裏切りでシーラーズは陥落、虐殺が行なわれた）。新しく樹立されたカージャル朝の都はテヘランにおかれ、キャリーム・ハンの墓も荒らされ、テヘランに運び出されてしまった。19世紀後半、イランへ進出するイギリスとの交易拠点となっていたが、シーラーズは地方都市へと立場がさがっていた。

ASIA
イラン

現代イラン(20世紀〜)

20世紀に入ってカージャル朝が滅亡し、パフラヴィー朝が樹立されると首都テヘランへの一極集中が進むようになった。シーラーズもパフラヴィー朝のレザー・シャーに整備されて街は拡大している。18世紀にザンド朝の首都がおかれていたシーラーズには、当時の遺構がいくつも残り、イスファハンに次ぐペルシャの古都として多くの人々が訪れている。またファールス州の州都がおかれ、テヘラン、イスファハン、マシュハド、タブリーズに次ぐ規模をもつ都市となっている。

Shiraz

城市のうつりかわり

参考文献

『楽園のデザイン』(ジョン・ブルックス / 鹿島出版会)

『西アジア史Ⅱ』(永田雄三 / 山川出版社)

『イラン史』(蒲生礼一 / 修道社)

『ハーフィズ詩集』(ハーフィズ・黒柳恒男訳 / 平凡社)

『薔薇園』(サァディー・蒲生礼一訳 / 平凡社)

『アラビア・ペルシア集』(ハーフィズ・サアディー・蒲生礼一訳・黒柳恒男訳 / 筑摩書房)

『事典イスラームの都市性』(板垣雄三・後藤明 / 亜紀書房)

『大旅行記 2』(イブン・バットゥータ / 平凡社)

『世界大百科事典』(平凡社)

まちごとパブリッシングの旅行ガイド

Machigoto INDIA , Machigoto ASIA , Machigoto CHINA

【北インド - まちごとインド】

001 はじめての北インド
002 はじめてのデリー
003 オールド・デリー
004 ニュー・デリー
005 南デリー
012 アーグラ
013 ファテープル・シークリー
014 バラナシ
015 サールナート
022 カージュラホ
032 アムリトサル

【西インド - まちごとインド】

001 はじめてのラジャスタン
002 ジャイプル
003 ジョードプル
004 ジャイサルメール
005 ウダイプル
006 アジメール（プシュカル）
007 ビカネール
008 シェカワティ
011 はじめてのマハラシュトラ
012 ムンバイ
013 プネー
014 アウランガバード
015 エローラ
016 アジャンタ
021 はじめてのグジャラート
022 アーメダバード
023 ヴァドダラー（チャンパネール）
024 ブジ（カッチ地方）

【東インド - まちごとインド】

002 コルカタ
012 ブッダガヤ

【南インド - まちごとインド】

001 はじめてのタミルナードゥ
002 チェンナイ
003 カーンチプラム
004 マハーバリプラム
005 タンジャヴール
006 クンバコナムとカーヴェリー・デルタ
007 ティルチラパッリ
008 マドゥライ
009 ラーメシュワラム
010 カニャークマリ
021 はじめてのケーララ
022 ティルヴァナンタプラム
023 バックウォーター（コッラム～アラップーザ）
024 コーチ（コーチン）
025 トリシュール

【ネパール - まちごとアジア】

001 はじめてのカトマンズ
002 カトマンズ
003 スワヤンブナート

004 パタン
005 バクタプル
006 ポカラ
007 ルンビニ
008 チトワン国立公園

【バングラデシュ - まちごとアジア】

001 はじめてのバングラデシュ
002 ダッカ
003 バゲルハット（クルナ）
004 シュンドルボン
005 プティア
006 モハスタン（ボグラ）
007 パハルプール

【パキスタン - まちごとアジア】

002 フンザ
003 ギルギット（KKH）
004 ラホール
005 ハラッパ
006 ムルタン

【イラン - まちごとアジア】

001 はじめてのイラン
002 テヘラン
003 イスファハン
004 シーラーズ
005 ペルセポリス
006 パサルガダエ（ナグシェ・ロスタム）
007 ヤズド
008 チョガ・ザンビル（アフヴァーズ）
009 タブリーズ
010 アルダビール

【北京 - まちごとチャイナ】

001 はじめての北京
002 故宮（天安門広場）
003 胡同と旧皇城
004 天壇と旧崇文区
005 瑠璃廠と旧宣武区
006 王府井と市街東部
007 北京動物園と市街西部
008 頤和園と西山
009 盧溝橋と周口店
010 万里の長城と明十三陵

【天津 - まちごとチャイナ】

001 はじめての天津
002 天津市街
003 浜海新区と市街南部
004 薊県と清東陵

【上海 - まちごとチャイナ】

001 はじめての上海
002 浦東新区
003 外灘と南京東路
004 淮海路と市街西部
005 虹口と市街北部
006 上海郊外（龍華・七宝・松江・嘉定）
007 水郷地帯（朱家角・周荘・同里・甪直）

【河北省 - まちごとチャイナ】

001 はじめての河北省
002 石家荘
003 秦皇島
004 承徳
005 張家口
006 保定
007 邯鄲

【江蘇省 - まちごとチャイナ】

001 はじめての江蘇省
002 はじめての蘇州
003 蘇州旧城
004 蘇州郊外と開発区
005 無錫
006 揚州
007 鎮江
008 はじめての南京
009 南京旧城
010 南京紫金山と下関
011 雨花台と南京郊外・開発区
012 徐州

【浙江省 - まちごとチャイナ】

001 はじめての浙江省
002 はじめての杭州
003 西湖と山林杭州
004 杭州旧城と開発区
005 紹興
006 はじめての寧波
007 寧波旧城
008 寧波郊外と開発区
009 普陀山
010 天台山
011 温州

【福建省 - まちごとチャイナ】

001 はじめての福建省
002 はじめての福州
003 福州旧城
004 福州郊外と開発区
005 武夷山
006 泉州
007 厦門
008 客家土楼

【広東省 - まちごとチャイナ】

001 はじめての広東省
002 はじめての広州
003 広州古城
004 天河と広州郊外
005 深圳（深セン）
006 東莞
007 開平（江門）
008 韶関
009 はじめての潮汕
010 潮州
011 汕頭

【遼寧省 - まちごとチャイナ】

001 はじめての遼寧省
002 はじめての大連
003 大連市街
004 旅順
005 金州新区

006 はじめての瀋陽
007 瀋陽故宮と旧市街
008 瀋陽駅と市街地
009 北陵と瀋陽郊外
010 撫順

【重慶 - まちごとチャイナ】

001 はじめての重慶
002 重慶市街
003 三峡下り（重慶〜宜昌）
004 大足

【香港 - まちごとチャイナ】

001 はじめての香港
002 中環と香港島北岸
003 上環と香港島南岸
004 尖沙咀と九龍市街
005 九龍城と九龍郊外
006 新界
007 ランタオ島と島嶼部

【マカオ - まちごとチャイナ】

001 はじめてのマカオ
002 セナド広場とマカオ中心部
003 媽閣廟とマカオ半島南部
004 東望洋山とマカオ半島北部
005 新口岸とタイパ・コロアン

【Juo-Mujin（電子書籍のみ）】

Juo-Mujin 香港縦横無尽
Juo-Mujin 北京縦横無尽
Juo-Mujin 上海縦横無尽

【自力旅游中国 Tabisuru CHINA】

001 バスに揺られて「自力で長城」
002 バスに揺られて「自力で石家荘」
003 バスに揺られて「自力で承徳」
004 船に揺られて「自力で普陀山」
005 バスに揺られて「自力で天台山」
006 バスに揺られて「自力で秦皇島」
007 バスに揺られて「自力で張家口」
008 バスに揺られて「自力で邯鄲」
009 バスに揺られて「自力で保定」
010 バスに揺られて「自力で清東陵」
011 バスに揺られて「自力で潮州」
012 バスに揺られて「自力で汕頭」
013 バスに揺られて「自力で温州」

【車輪はつばさ】
南インドのアイラヴァテシュワラ寺院には建築本体に車輪がついていて寺院に乗った神さまが人びとの想いを運ぶと言います。

・本書はオンデマンド印刷で作成されています。
・本書の内容に関するご意見、お問い合わせは、発行元の
　まちごとパブリッシング info@machigotopub.com までお願いします。

まちごとアジア
イラン004シーラーズ
〜「詩と芸術」の都 [モノクロノートブック版]

2017年11月14日　発行

著　者	「アジア城市（まち）案内」制作委員会
発行者	赤松　耕次
発行所	まちごとパブリッシング株式会社 〒181-0013　東京都三鷹市下連雀4-4-36 URL http://www.machigotopub.com/
発売元	株式会社デジタルパブリッシングサービス 〒162-0812　東京都新宿区西五軒町11-13 清水ビル3F
印刷・製本	株式会社デジタルパブリッシングサービス URL http://www.d-pub.co.jp/

MP050

ISBN978-4-86143-184-5 C0326　　　　Printed in Japan
本書の無断複製複写（コピー）は、著作権法上での例外を除き、禁じられています。